Lb 49/830

AUX

LIBÉRAUX.

IMPRIMERIE DE J. TASTU,

RUE DE VAUGIRARD, N. 36.

AUX LIBÉRAUX.

PETITES LETTRES APOLOGÉTIQUES

A L'OCCASION

D'UNE GRANDE EPITRE.

PAR

CAUCHOIS-LEMAIRE.

PARIS

DELANGLE FRÈRES, LIBRAIRES,

RUE DU BATTOIR-SAINT-ANDRÉ-DES-ARCS, N 19

1828

MOT PRÉLIMINAIRE.

Aux Libéraux ! Et pourquoi pas aux Magistrats ?
—Parce que la date des premières Lettres est
déjà vieille : elle a près de quinze jours ; parce
que j'étais loin de penser alors que mon léger
opuscule aurait ces conséquences sérieuses ; parce
que, en le relisant, de la meilleure foi du monde,
je ne puis concevoir encore que cette boutade ait
pris un caractère tragique ; parce que j'ai considéré
ceci comme une affaire d'opinion à débattre entre
nous, et nullement comme une affaire de police
correctionnelle ; parce que ma citation devant le
juge instructeur m'a paru elle-même une facétie
de M. Peyronnet, et la saisie de mon épître une
circonstance grave que suscitaient nos Alcibiade
ministériels, pour occuper l'attention parisienne
d'autre chose que de leur chute. J'ai donc fort
peu songé à la justice qui aurait encore moins
songé à moi, si une question de temps, de lieu et
de forme, à discuter entre amis, ne se fût trans-

formée, pour les menus plaisirs de la politique, en question d'État. Retardées dans leur publication par les huissiers, les gendarmes, les guichetiers, ces petites Lettres ont donc passé le quart-d'heure d'à propos avant et après lequel une brochure n'a point de succès à Paris. Quelques paragraphes par-ci par-là ne sauraient corriger ce vice radical. J'en préviens tous ceux qui manquent de loisir ou de patience; c'est en leur faveur que ce mot est affiché en tête de ma correspondance nouvelle. Si quelque lecteur, déterminé à connaître les réponses après avoir été rassasié des critiques, passe outre, je déclare que je le rends personnellement responsable de tout l'ennui qu'il éprouvera.

AUX LIBÉRAUX.

LETTRE PREMIÈRE.

Mes chers camarades, un cas vraiment imprévu, même assez fâcheux et qui mérite de vous être soumis, advient à l'un de vos anciens frères d'armes. A l'instant où il s'avançait avec les plus dévoués, quelques coups de feu, partis de ses propres rangs, l'atteignent et sont suivis, comme un signal, du feu de l'ennemi: de sorte que le pauvre soldat était perdu, si une poignée d'amis généreux ne fût accourue à son secours. Grâce au ciel, il est sur pied et ses blessures ne l'empêchent pas de se défendre. Un autre à sa place demanderait raison à ceux qui, l'ayant ainsi brusquement attaqué, l'ont mis dans une situation périlleuse; et peut-être, en y regardant bien, trouverait-il plus d'un côté faible qui lui offrirait l'occasion de pousser à son tour quelques bottes à ses agresseurs. Mais pacifique avec les siens autant qu'il l'est peu avec le commun adversaire, c'est devant vous, Messieurs, qu'il vient plaider sa cause; c'est à tous les libéraux qu'il en appelle de l'action hostile de quelques-uns; c'est à cette majorité immense dont le patriotisme est franc, consciencieux, sans intérêt personnel, sans intérêt de coteries, qu'il se présente, tout mutilé, à cette fin de savoir s'il a mal compris la consigne nationale, promettant de souscrire à l'arbitrage qu'il sollicite comme au jugement du pays.

Le soldat resté entre deux feux, c'est moi-même, mes camarades et mes juges; et les attaques dont je me plains, car il en est dont je m'honore, sont clameurs venues jusque dans ma solitude de plusieurs coins de la capitale; je dis coins par rapport à la France, bien que dans le nombre se trouvent de beaux salons; je dis clameurs, parce que le bruit se mesure à l'étendue, et je conviens en toute humilité que le cercle de ma renommée ancienne et nouvelle est très-circonscrit. Aussi, ne me tourne-t-elle pas plus la tête que le concert inattendu de quelques hommes de l'opposition avec les hommes du pouvoir ne m'affaiblit le cœur. Je me tais sur les personnes qui ont pris ma défense, j'en parlerais avec trop d'orgueil ou plutôt avec trop d'émotion; mais j'avoue qu'il est parmi celles qui m'ont blâmé des caractères dignes d'estime, des talens reconnus, de grandes célébrités; et que des deux côtés, je rencontre des hommes auxquels mon admiration est acquise, j'allais dire aussi mon affection, lorsque je me suis rappelé que le ton familier n'était pas du bel usage. Enfin, soit erreur, préoccupation, entraînement, politique ou justice, il s'est élevé contre moi un haro formé de voix peu accoutumées à cet accord, un haro tel que celui auquel s'exposait il y a quelques années, aux Italiens, dans les grandes soirées ou au bal, toute femme qui ne se présentait pas en deuil de cour. A cet aveu, j'entends mes juges m'adresser à la fois cent questions. J'allais répondre, lorsque je suis interrompu par une citation de M. Mathias, juge instructeur, le même qui a instruit le procès de Béranger, et je me rends au Palais de justice où je subis un interrogatoire de deux heures. Il aurait duré deux jours si j'avais voulu répondre avec quelques détails aux nombreuses et graves questions soulevées à l'occasion d'une brochure. De retour à la campagne, la tête remplie de formules judiciaires, de demandes et de réponses, je me figure que vous, libéraux à qui je m'adresse, rassemblés dans une vaste enceinte, vous composez un jury devant lequel je comparais. Un dialogue s'engage entre le président qui m'interroge et moi prévenu qui réplique.

« Vous convenez qu'une clameur libérale s'élève contre vous. Cette clameur a une cause; quelle est-elle? Qu'avez-vous fait? » Comme j'hésitais, le président reprit : « Seriez-vous allé à Mont-Rouge ou à Saint-Acheul? — Fi donc! — Aurait-on découvert que votre fortune n'a pas une source bien pure? — Je suis pauvre, et si j'étais riche on ne s'informerait guère comment je le suis devenu. — Avez-vous eu avec quelques ministres d'autrefois des relations fâcheuses, dont on a réveillé le souvenir? — J'ai été de l'opposition sous tous les ministères, et en fût-il autrement, je crois qu'il est souvent plus honorable de reconnaître et de réparer une erreur, que de ne point se tromper. — Le génie ou le démon biographique qui travaille notre époque, a peut-être remué quelques vieilles peccadilles de l'ancien régime. — Je suis né comme on venait de prendre la Bastille; d'ailleurs, à tout péché miséricorde, et honneur à ceux dont la conduite présente efface la conduite passée ! — Votre jeunesse a été éblouie, subjuguée par l'homme du grand empire ?— C'est une faute que je me pardonnerais bien aisément, si elle ne m'avait coûté aucune bassesse; mais le goût de la solitude, l'absence de tout désir ambitieux, m'ont épargné jusqu'à la tentation. — Le héros du 20 mars ne vous a pas trouvé si indifférent?—Le *Nain Jaune*, il est vrai, aurait pu me servir de passeport; mais je ne tardai point à lui donner une couleur qui aurait été mal reçue à la cour impériale.

— C'est apparemment depuis la restauration ? — Mon histoire à cette époque se peut raconter en quatre mots. On m'a ruiné, proscrit, emprisonné, et l'on menace de m'emprisonner encore. — Il faut bien cependant que votre libéralisme ait essuyé quelque atteinte; vous convenez vous-même que si parmi les libéraux des hommes honorables vous défendent, parmi les libéraux aussi des hommes honorables vous accusent. Soyez sincère; nous sommes indulgens, vous le savez. Vous seriez-vous dispensé, par quelque motif frivole ou peu patriotique, d'assister au convoi de Manuel? — J'étais avec ceux qui traînaient, au milieu d'un concours immense, le char funèbre de ce grand citoyen, dont la raison courageuse, dont l'éloquente logique excite aujourd'hui tant de regrets; mais j'étais aussi, à une autre époque, du petit nombre de ceux qui unissaient leur voix à la sienne contre la clameur à laquelle se mêlaient de prétendus amis. Pardonnez si je rappelle un tel exemple; mais nous vivons dans un temps où il y a beaucoup de talens et peu de caractères. — Serait-il possible que vous eussiez intrigué contre l'élection de Dupont-de-l'Eure ou blâmé celle de La Fayette?—Dieu me préserve d'en avoir même la pensée! La présence à la Chambre, d'un magistrat intègre, d'un citoyen vertueux, n'est-elle pas une protestation vivante contre la corruption qui nous envahit? Que dirait la nation américaine qui se leva tout entière pour saluer l'un de ses libérateurs, s'il n'obtenait pas en France l'honneur de la députation? Manuel, Dupont, La Fayette! noms illustres et chers auxquels j'en pourrais ajouter d'autres encore, couvrez de votre égide celui que vous avez toujours honoré de votre estime et quelquefois de votre bienveillante intimité, celui dont la conscience lui rend témoignage qu'il n'a démérité de vous ni par ses actions, ni par les sentimens qui vivent au fond de son cœur! *Le président.*—A merveille; mais dites-nous de quelle nature est la prévention dont vous avez à vous justifier.—Eh bien! puisqu'il faut le confesser, j'ai frappé à la porte d'une Altesse Royale. — Et qu'alliez-vous faire dans cette demeure?—Daignez ne pas prendre ce ton sévère, M. le président. Je n'allais solliciter, je vous jure, ni place, ni pension, et si je l'eusse fait, je n'aurais pas besoin de me charger moi-même de mon apologie; je trouverais assez d'obligeans confrères qui s'empresseraient de m'épargner ce soin. — Quel était alors le motif de votre visite ? — Je dois vous dire d'abord que c'était une visite épistolaire et qu'elle avait pour objet de chercher un chef à l'Opposition. — Expliquez-vous.

— Voici le fait : j'ose réclamer l'indulgente attention du jury. Vous connaissez mieux que personne, Messieurs, l'heureux résultat des élections dernières. Plusieurs notables, Pairs, Députés, Magistrats et autres qui se réunissent à Paris pour s'entretenir des affaires publiques, ont déclaré entre eux qu'il fallait s'entendre, marcher d'accord et former un parti d'opposition large et facile dans l'admission de ses membres, sage dans sa conduite, mesuré dans son langage ; un parti habile, dressé à la tactique constitutionnelle et parlementaire. Voilà, dis-je en apprenant cette déclaration, un projet admirable auquel il manque seulement quelques moyens d'exécution. Il n'y a point de parti qui mérite ce nom sans chefs, autour desquels viennent se fondre les nuances d'opinions, se rallier les petites divergences de volontés. Ces chefs, où sont-ils ? ou du moins quelles sont, dans les hautes notabilités, celles dont

on s'accorde à reconnaître l'influence pré-
pondérante et à recevoir la direction, et
qui entre elles reconnaissent à leur tour un
supérieur, un chef de file, dont elles reçoi-
vent le mot d'ordre pour le transmettre à
leurs collègues? Sans cette condition essentielle, l'Opposition aura une apparence com-
pacte si le ministère s'opiniâtre à rester tel
qu'il est ; mais s'il se modifie d'une manière
nominale et oppose tactique à tactique, le
parti, sans lien, sans cohésion, courra grand
risque de se dissoudre. Jetant alors les yeux
sur l'Opposition, du moins celle qui est léga-
lement en évidence, je vois que, soit par le
personnel, soit par la fortune, les idées et
les habitudes, je vois que l'élément aristocratique y domine. L'idée me vient alors
qu'un prince figurerait à merveille à la tête
de cette noble phalange, et qu'après avoir
emprunté tant d'usages aux Anglais, nous
pourrions bien leur emprunter encore cette
utile coutume? Ce prince, tout le désignait;
et si, prenant une autre forme, j'avais écrit
au duc ***, chacun aurait nommé le duc
d'Orléans. Je procédai avec plus de franchise et proposai à Son Altesse d'être chez

nous ce que fut en Angleterre le prince de Galles entouré de Fox, de Shéridan, de Burke et de beaucoup d'autres. Si j'étais quelque chose, je prendrais mon texte et ma couleur de ma position plus ou moins influente, et je concerterais ma démarche avec ceux qui pourraient lui donner du poids ; mais je ne suis rien, je suis seul : sous un rapport je m'en félicite, on est plus libre et l'on ne compromet personne ; d'une autre part, comment se faire écouter ? Le ton solennel de la harangue ennuiera dès la première page ; le style rampant de la supplique dégoûterait le prince même, si j'étais capable de l'employer. Les formules de l'étiquette auraient l'air d'une parodie dans ma bouche : le mieux d'ailleurs est de ne pas trop sortir de son caractère. Je serai tantôt pétitionnaire bourru, tantôt courtisan caustique, toujours bon citoyen, véritable homme du peuple, et du reste j'habillerai cette ancienne coutume britannique à la mode française. Enverrai-je mon épître par une voie clandestine ? Non, ce serait lui ôter tout crédit et lui donner un air suspect. J'écrirai publiquement. Ce n'est pas devant vous, Messieurs,

que je m'excuserai d'avoir émis, sans per-
mission, une pensée que j'ai cru bonne,
et de l'avoir livrée à la discussion et au temps.,
Cette pensée jetée dans la circulation, ne
correspond-elle aux idées de personne? Elle
aura le sort de tant d'autres qui tombent
chaque jour de la presse et que personne ne
relève. Ma missive porte-t-elle une adresse
d'où il ne viendra jamais de réponse? Elle rentre alors dans la catégorie ordinaire des publi-
cations ; c'est un cadre dans lequel ont trouvé
place les événemens et les questions à l'ordre
du jour : le ministère Franchet et sa honteuse
existence, la congrégation et les soirées
meurtrières de novembre, l'Opposition et la
manière de la discipliner, et celle d'avancer
par de grands exemples nos mœurs constitutionnelles. Ce sont choses d'intérêt général dont je cause dans un dialogue où je
fais intervenir un prince sur la scène pour
soutenir l'attention du parterre. Voilà, Messieurs, l'exposé de ma cause, le fonds de
ma plaidoirie, le point de fait et le point
de droit, comme on dit : tout le reste est
fort accessoire. Maintenant que la séance est
suspendue et en attendant l'heure de la dé-

libération, je vais, si vous l'avez pour agréa-
ble , occuper vos loisirs par quelques détails
narratifs , et quitter la sellette pour rede-
venir votre correspondant. »

LETTRE DEUXIÈME.

Or ça, mes camarades, faites cercle autour de moi, que je vous conte l'histoire de ma chanceuse épître. Du côté du prince, point ou peu de nouvelles. Mais à peine a-t-elle couru le monde, grâce à l'adresse, non à la signature, qu'une espèce de rumeur éclate dans une certaine sphère de Paris, et se prolonge, comme un bruit sourd, jusqu'à la banlieue où, tranquille habitant du colombier d'un gothique château, je ne me doutais guère du rôle qu'on me faisait jouer dans la grande cité. Vous êtes un paria, m'écrit-on, un homme abandonné de la nature entière; quelques intrépides amis vous restent; mais beaucoup d'autres, tout en protestant de leur tendre affection, se retirent de vous. Accablé d'un coup si rude, d'un coup qui m'apprend que j'ai tant d'amis dont je perds l'affection, au moment où elle se manifeste, je demeure d'abord immobile; puis mes bras se croisent machinalement sur ma poitrine, ma tête se penche, mes yeux se fixent vers la terre, et, dans cette attitude, je me promène, à pas lents, dans mon étroit jardin, moins étroit pourtant que la cour de Sainte - Pélagie ou celle de la Force. Et tout en marchant, mon chagrin se soulage par un soliloque comme on dit en pieux langage, ou par un monologue, comme on dit en langage profane. « Ah! ah! mon » petit Cauchois-Lemaire, tu as voulu de » l'Altesse? Tu as bien mérité ce qui t'arrive; » ton sot orgueil est puni. Tu as rêvé un » titre, une principauté, et ton rêve illibéral » a soulevé tes libéraux amis, bonnes gens, » simples, chérissant l'égalité, fuyant les dis- » tinctions. En vain, faisais-tu le bon prince; » on sait ce que c'est bientôt qu'un vilain qui » se donne des airs de grand seigneur. De » quel front maintenant ta roture va-t-elle » se présenter aux roturiers qui, en rica- » nant, t'appelleront *votre altesse !* » A ces mots succède une pause : je reste absorbé dans une muette réflexion d'où je sors enfin

par une vive secousse. Allons, prince, un
peu de courage, me dis-je. Je veux aller à
Paris; je veux me montrer à ceux qui me ju-
gent si mal. Ils verront que Gros-Jean ne
s'est point gâté dans son château en Espa-
gne. J'irai à pied, pour cause; avec mon
habit un peu râpé, pour raison encore à
moi connue. J'aborderai les uns d'un air
moitié honteux, moitié fier, en leur récitant
ce passage du poëte Burns : « Les princes et
» les ducs ne sont que le souffle des rois; l'hon-
» nête homme est l'œuvre de Dieu même. »
J'aborderai les autres d'un visage gai, en
chantant, avec une légère variante, ce refrain
du chansonnier :

> Soudain oubliant mon Altesse,
> J'ai quitté mon habit de cour !

Chemin faisant dans la campagne, je trace
mon itinéraire pour la ville. Je commencerai
par rendre visite, non aux amis qui m'ont
attaqué, ni même aux amis qui m'ont défendu, mais à une simple connaissance. Je
trouverai là plus de calme et plus d'impar-
tialité. Mon plan arrangé, revu, corrigé,
j'arrive. Comme je tournais l'angle d'une

rue pour gagner la maison qui devait me
servir de premier poste d'observation, j'a-
perçois, dans un brillant café , un groupe de
journalistes. Un instinct naturel me pousse
vers des confrères. Mais hélas! mon aspect,
comme celui du lépreux d'Aoste, les met
tous en fuite, sauf deux : l'un, sans me parler, me regarde d'un air de compassion ;
l'autre se dévoue jusqu'à m'adresser la
parole; le reste se réfugie loin de la conta-
gion et près d'un individu suspect de police.
Pauvre pestiféré, je me retire en toute hâte,
et, plus embarrassé que jamais, je pénètre,
en déguisant mon nom, dans le logis où je
voulais entrer d'abord.

L'hôte est un demi-personnage entre deux
âges, entre deux opinions, entre la haute et
la moyenne classe. On m'introduit dans son
cabinet. « C'est vous, mon cher! me dit-il ; je
n'ai pas lu votre lettre; mais j'en connais la
suscription, et cela me suffit; elle est scanda-
leuse. De quel droit, s'il vous plaît, un homme
comme vous écrit-il à Son Altesse Royale ?» A
cette apostrophe tout-à-fait inattendue, je
ne sus, en vérité, que répondre. J'avais pensé
jusque-là que mon crime était d'une toute

(19)

autre nature: et ce *de quel droit* prononcé
d'un ton d'assurance et de supériorité me
déconcerta comme un écolier qui reçoit de
son maître une leçon de savoir-vivre ; et, tout
troublé , je me disais intérieurement : En
effet, de quel droit? Cependant la *mercu-
riale* avait son cours. N'est-il pas contre toutes les convenances d'adresser une épître
publique à une personne que vous ne connaissez pas, qui ne vous connaît pas, et surtout à un prince, et cela sans autorisation
préalable ? En parlant ainsi, mon professeur
allait et venait, froissant un livre qu'il avait
pris dans sa bibliothèque, et auquel il sem-
blait faire des marques. Appelé dans une
autre pièce, par je ne sais quel incident, il
me remet le volume. Je l'ouvre : c'était le
Manuel épistolaire, ce qu'on pourrait inti-
tuler la Civilité puérile et honnête à l'usage
de ceux qui écrivent des lettres. Des indica-
tions placées çà et là me dispensent de
longues recherches. Je vois en passant la
nuance délicate. qui existe entre cette for-
mule : *Prince*, et celle-ci : *mon Prince.*
J'apprends que le marquis de Louvois a
refusé à un vieil officier une pension mé-

2*

ritée, parce que celui-ci ne l'avait pas appelé *Monseigneur*. Enfin deux longues oreilles attirent mon attention sur ces deux passages : « Il est dans les convenances de ne rendre aucune lettre publique sans l'aveu de la personne à qui vous l'avez écrite... Les convenances exigent qu'on respecte la distance que mettent entre les individus le rang, la naissance et le pouvoir; qu'on n'oublie jamais ce qu'ils sont et ce que l'on est... » Confondu par ces articles formels de la charte épistolaire : « J'ai tort sans doute, m'écriai-je en soupirant. Le séjour de la campagne aura brouillé dans ma tête les usages de la ville. L'habitude de m'entendre familièrement parler par mes inférieurs m'a persuadé que je pouvais, sans trop de cérémonial, causer avec un supérieur de ses affaires et des nôtres ; je vois bien que je ne suis qu'un rustre, et que je n'ai rien de mieux à faire que de retourner parmi les rustres. » A ces mots je m'esquive par une porte dérobée.

L'exercice et le grand air portent conseil mieux encore que l'oreiller. A peine avais-je fait le quart du chemin qui me rapprochait de l'une des barrières de Paris, que j'eus envie de rire des préceptes dont j'avais été comme étourdi. En véritable échappé de l'école, je poussai l'irrévérence jusqu'à céder à cette envie. C'est de l'ancien, du très-ancien régime ! m'écriai-je, et ceux qui en ont si bien retenu les usages sont encore peu au courant des coutumes constitutionnelles. Ou ma mémoire me trompe étrangement, ou je puis trouver, je ne dis pas seulement en Angleterre, mais en France, mille exemples de correspondans qui, en dépit du Manuel épistolaire, ont écrit en vers ou en prose, par la voie de la presse, à des personnes ou à des personnages qu'ils ne connaissaient que par la renommée ! Ils leur ont écrit sans les consulter, comme d'autres ont publié leurs lettres, lorsque celles-ci avaient un intérêt historique ou un caractère d'utilité générale. C'est ainsi qu'ont été imprimées, dans des recueils du temps, les lettres du duc d'Orléans lui-même, à un évêque anglican et au maréchal Mortier. Ils prennent leur nom sans leur aveu, comme certain almanach prend leur adresse ; comme un journal annonce leur départ, leur arrivée, leurs visites ; comme un biographe s'empare de leurs actes, comme un artiste lithographie leurs traits pour en décorer le boulevard, souvent contre leur gré; donnant même la copie d'originaux qu'il n'a jamais vus. En terminant cette énumération, j'étais entré dans un cabinet littéraire. On m'apporte, sur ma demande, quelques volumes du journal de la Librairie. J'ouvre au hasard une des tables. Quelle nomenclature! Lettre au général La Fayette, lettre à M. La Mennais, lettre à M. de Châteaubriand, lettre à M. Casimir Delavigne, lettre à M. le vicomte de La Rochefoucault, lettre au prince Ypsilanti, lettre au pape, lettre à S. A. R. Madame, lettre au gouverneur du duc de Bordeaux, lettre à l'empereur de Russie, lettre à M. Dupin, lettre à S. A. R. le duc d'Orléans...et ce n'est pas la mienne. J'ignore si ces lettres renferment des complimens ou des conseils, des prières ou des remercîmens; je vois seulement que ce sont des lettres publiques adressées à des personnes dont le nom a de la publicité; je ne note point la foule des lettres aux ministres, les épîtres au Roi, pas même celle que M. Madrolle vient d'écrire à Sa Majesté pour lui demander le maintien de l'administration Villèle. Je laisse vingt volumes de la bibliographie sans les parcourir, mais en les remettant moi-même à leur place, mes yeux se portent sur une des lettres les plus inconvenantes qu'il se puisse voir; c'est celle d'un étranger à un prince qui reçoit l'hospitalité dans son pays; c'est celle d'un censeur austère mêlant ses conseils et ses prophéties de triste augure aux accens de joie, aux chants de triomphe qui accompagnent le char d'un roi reprenant sa couronne après un long exil; c'est enfin la lettre adressée, le 30 avril 1814, par Cobbet à S. M. Louis XVIII.

L'Anglais veut apprendre à Louis ce que sont les Français qu'il va retrouver. Ce ne sont point ceux qu'il a quittés. « Un tel chan-
» gement, dit-il, n'a pas été trop chèrement
» acheté par une révolution.... Il n'existe pas
» un seul homme instruit en Europe, même
» parmi les plus humbles courtisans, qui
» croie de bonne foi les nations faites pour
» les rois. Votre Majesté va retrouver une
» nation chez laquelle les principes contraires
» sont profondément enracinés; c'est en effet
» une nation nouvelle qu'elle va gouverner;

» et l'histoire vous dira que les restaurations
» ne sont pas plus que les usurpations à l'abri
» des coups de l'opinion publique.... Si Votre
» Majesté s'abusait au point de croire qu'un
» peuple reprend volontairement des fers, la
» fin de la crise lui dévoilerait son erreur,
» alors qu'elle serait irréparable.... Vous se-
» rez assailli par de sourdes intrigues, par
» d'infernales machinations et de puériles
» terreurs.... Aussi long-temps que Votre Ma-
» jesté écartera la corruption, et que votre
» gouvernement sera basé sur la vérité, vous
» pouvez compter sur l'attachement de vos
» serviteurs. Dans le cas contraire, une mul-
» titude de parasites s'acharnerait sur le re-
» venu public comme l'insecte sur un cada-
» vre, et insulterait aux plaintes du peuple
» en lui disant avec ironie, qu'il ne doit pas
» regretter ce sacrifice, puisque c'est à ce
» prix qu'il est libre.... »

Je remarque avec soin le volume où est
consignée cette lettre traduite en français,
publiée plusieurs fois à Paris; et crayonnant
à la hâte tous ces précédens épistolaires, je
prends la résolution d'en faire usage le soir
même chez un ami qui justement recevait

beaucoup de monde, ami comme on en voit
tant, homme conciliant d'ailleurs, qui se
brouille avec le moins de gens qu'il peut, et
tient à ne se pas brouiller avec moi, parce
que le hasard m'a procuré l'occasion de lui
être utile. Mais la séance que j'ai faite chez
lui, d'une assez bizarre manière, mérite un
chapitre ou une lettre à part.

LETTRE TROISIÈME.

Je pars donc muni, en guise de dossier, de l'agenda sur lequel j'avais inscrit mes exemples justificatifs; et curieux de connaître enfin tous les reproches qui m'étaient adressés et auxquels j'espérais trouver des réponses aussi faciles, je m'achemine bravement vers le salon où déjà était rassemblée une compagnie nombreuse et variée. J'ai pourtant la précaution de me faire annoncer tout bas au maître de la maison. Celui-ci vient aussitôt dans l'antichambre où j'attendais. Il m'engage vivement à ne pas me montrer. J'insiste et demande si c'est une rupture, lui faisant observer que le moment est mal choisi. Voyant à quel point ses refus me blessaient, quoique déguisés sous la forme de prières: «Faisons un arrangement, dit-il; demeurez aux risques et périls de votre amour-

(27)

propre; mais demeurez pour entendre et pour
voir sans être vu. » Et me prenant par la main,
il me conduisit dans un cabinet artistement
pratiqué entre les cloisons de plusieurs piè-
ces. C'était une vraie tribune aux écoutes.
Là, comme la femme invisible, j'échappais
à tous les regards, et rien n'échappait à mes
yeux ni à mon oreille. Ce fut d'abord comme
un murmure confus au milieu duquel je ne
tardai point à distinguer le nom du correspondant téméraire. Cela est inconvenant!
Cela est intempestif! Telles étaient les excla-
mations les plus fréquentes. A ceux qui parlaient le plus haut contre l'épître, on deman-
dait : « L'avez-vous lue?—Non, mais j'en sais
le titre; non, mais je sais ce qu'en dit la
Gazette; non, mais j'en connais un frag--
ment; non, mais je tiens de bonne part
qu'elle est détestable. » Enfin la plupart de
mes juges de salon ressemblaient à mon professeur de civilité épistolaire; ils avaient prononcé l'arrêt sur le nom du prévenu. Grand
sujet de réflexion pour ma philosophie, et
grand sujet de désappointement pour ma
vanité! Il devenait clair que ma célébrité
subite tenait à ces magiques syllabes : *Sur la*

crise actuelle, *lettre au duc d'Orléans ;* elles disent tant de choses, que chacun s'est dispensé d'aller plus loin, et a substitué son commentaire au mien ; autant en a fait la justice ministérielle, et j'ai à lutter aujourd'hui contre une double prévention !

La foule d'abord pressée dans le même espace s'est divisée en petits groupes, et je comptais dans quelques-uns des lecteurs et même des défenseurs. L'un des premiers disait : « Il y a du bon ; mais l'autorisation était une formalité indispensable. —Vous croyez, repartit un ancien diplomate, que ces choses-là se publient avec approbation et privilége. —Nous ne l'annoncerons pas, déclarait un rédacteur de journal.—Et pourquoi ? répondit quelqu'un ; vos colonnes et vos opinions sont si larges ! Je ne vous en blâme pas, mais quand on ouvre la porte à tout le monde, pourquoi la fermer à un honnête homme ? —Il compromet la cause. — Ne serait-ce pas plutôt que vous craignez qu'il ne vous compromette ? A mon sens, votre petite loi d'exception a un début fâcheux.—Ce n'est pas un début, observa un troisième ; des noms plus dignes de l'attention publique ont été à l'*index*

de cette feuille. » Tout près de-là, un écrivain plein d'esprit regrettait que le correspondant de Son Altesse ne se fût pas adressé,
de préférence, à la nation, et surtout à la
nation électorale. « Que savez-vous, lui dit un
de mes amis, s'il n'a pas payé son tribut autant que le pouvait faire un citoyen qui n'est
pas électeur ? Et quant à l'envoi de l'épître,
dès qu'on la fait imprimer, n'est-ce pas toujours au public qu'elle arrive ? — C'est à lui
qu'il faut parler directement, dit une voix
que je reconnus être celle d'un homme qui
tient un rang distingué dans l'aristocratie in-
tellectuelle ; il ne faut point avoir assez peu
de confiance dans la nation pour lui chercher partout des patrons parmi les ducs et
les princes. — Quoi ! pas même pour en faire
les personnages vivans d'un apologue de
circonstance ! Pas même pour allécher le lecteur, vous peut-être tout le premier, et faire
lire sous le couvert d'une Altesse ce qu'on
n'aurait pas lu à l'adresse de tout le monde ?
Cela est bien sévère ; et cette unité patriotique, appliquée aux formes du style, sera aussi
gênante que l'unité classique. »

« Mais je prends cet appel à l'intervention

d'un prince français dans son sens le plus
positif; quel mal trouvez-vous à ce qu'il y
ait de plus un citoyen puissant ét actif? Quel
serait l'inconvénient de s'aider de sa puissance et de son activité contre les hommes
qui font véritablement jouer à la nation un
rôle indigne d'elle? En quoi cela empêche-
t-il de fonder la liberté? Espérez-vous qu'on
la fondera mieux sous le protectorat des jésuites? » C'était aussi une puissance intellec-
tuelle qui voulait bien me servir d'avocat.
Pendant que je remarquais combien les griefs
sur lesquels roule ce débat, diffèrent de ceux
qui ont excité la première clameur, la petite
plaidoirie se termina par l'exemple suivant:
Je connais un écrivain de mérite, de savoir,
et d'un zèle ardent pour la prospérité et la
dignité de la France; mais son zèle et son
mérite lui donnaient peu d'autorité, tandis
que le moindre écrit d'un auteur titré ou en
vogue était vanté par tous les journaux. Que
fit-il? Il forma une espèce d'association où
le rang, l'instruction, la fortune, le patriotisme, se soutiennent réciproquement; et
franchissant ainsi le double obstacle de l'in-
différence publique et de la malveillance

ministérielle, il peut se flatter de rendre des services à la civilisation. Aurait-il dû, selon vous, par purisme populaire, négliger l'appui aristocratique qui lui permet d'être utile au peuple, et de peur de lui donner des patrons ducs et pairs, le laisser tout-à-fait sous la férule des ignorantins?

Ailleurs, c'étaient d'autres dialogues. « Les conseils que le correspodant donne au prince n'en feraient qu'un ambitieux inquiet. Ils ne sont pas sages, ils sont puérils, disait l'un; l'autre répondait : Ces jeux, si un prince s'y amusait, seraient peut-être moins jeux d'enfans que vous ne pensez. Au reste si d'un côté l'on est prodigue, c'est probablement parce que de l'autre on l'est trop peu. Il faut étaler beaucoup pour tenter le chaland, passez-moi ma comparaison vulgaire. Devant cette diversité de choses légères et sérieuses, la galerie s'amuse, et le choix montre l'homme.—Légères, soit, mais dans ces phrases vagues, je ne vois rien de sérieux, déclare un élégant auteur. —Un alarmiste annonça qu'on parlait de saisie, de procès. —Impossible! répliqua un jurisconsulte; j'ai lu cette brochure : elle peut faire jaser;

mais elle ne dit rien que les tribunaux puis-
sent entendre ; car pour eux les réticences,
qui ne deviendraient coupables que par
supposition, équivalent au silence.

Par chaque groupe d'assaillans j'avais au
moins un défenseur ; et quand je songeais
à ceux qui, dans cette affaire, parlaient
en connaissance de cause, je n'étais pas trop
mécontent de la proportion; ajoutez que par-
fois la contradiction des attaques était ma
meilleure défense. Une personne grave trouva
l'opuscule de mauvais goût; son opinion
fut appuyée par une personne d'un tout
autre caractère. « Sans doute, dit cette der-
nière, prend-on avec un prince cet air
leste et cavalier ? S'exprime-t-on dans ce
style familier et goguenard ? Le petit butor !
faire violence à une Altesse ! — Au contraire,
reprit le premier interlocuteur; le tort de
l'auteur c'est de prendre des gants, d'user
de tant de précautions oratoires, d'être si académique, si rhéteur ; c'est dans ce sens qu'il
me paraît de mauvais goût. » Un de mes amis,
comme s'il eût deviné ma pensée, se hâta
de renvoyer ceux qui m'accusaient d'inconvenance à celui qui me reprochait ma po-

litesse oratoire. Le maître de la maison à qui
j'avais remis mes notes du cabinet littéraire,
saisit cette occasion de faire valoir ces au—
torités, et glissa même un mot du Manuel
épistolaire dont je lui avais parlé. L'épithète
d'inconvenante se détacha peu à peu de mon
épître, à laquelle bien des gens l'avaient ac-
colée sur la foi d'autrui, ou parce qu'ils
croyaient que c'était une chose sans exem—
ple, et je ne m'aperçus pas que l'imputation
d'académique fût répétée. Mais on n'en re-
vint que plus vivement au grief de publication intempestive.

C'est là, en effet, le vrai, le seul grief que
nos habiles de l'Opposition aient contre la
lettre, disait, assez bas et dans un très—petit
cercle, un de nos jeunes orateurs que la tri—
bune attend. Elle aurait été jugée tout au—
trement dans d'autres circonstances, ou en
se glissant avec la réserve d'un demi—in-
cognito. Pseudonyme, anonyme, clandestine, elle aurait obtenu le sourire de tel qui
l'a rejetée avec une sorte d'indignation dans
la crainte de passer pour complice. Mais la
petite bombe s'avise d'éclater, en plein jour,
tout à travers les subtiles combinaisons de

la plus déliée des politiques, et de tomber incongrument au beau milieu du congrès de nos plus fins opposans ; il est tout simple qu'ils crient *haro*, et cela dans les meilleures intentions du monde. En écoutant cette révélation dont la vraisemblance me frappa : « Je serais désespéré, me disais-je, d'avoir porté le moindre préjudice à des projets utiles ; mais j'ose douter encore de cette utilité. J'ai été initié quelquefois à des plans semblables, à ces négociations secrètes où l'on prétendait couvrir les sentimens divers par l'uniformité du symbole ; j'ai toujours vu qu'on était trompé dans ces calculs. On s'imaginait duper le ministère qui ne manquait pas d'être informé de tout à point nommé ; et, en définitive, c'était le gros du public qui était dupe, parce que sa franchise prend les gens au mot. Les diplomates de l'Opposition sont pour le cabinet d'État, ce que les personnes de ce salon brillant sont pour la chambre noire où le hasard m'a placé en ce moment. Et d'ailleurs, ces légères toiles d'araignées si ingénieusement et si péniblement tissues, sont bien vite emportées par les orages de la tribune. Du dedans, du

dehors, de toutes parts surgissent des incidens inopinés qui déconcertent ces tacti-
ciens d'échecs et de damiers. Voilà pourquoi
je voulais que leurs manœuvres eussent une
base tout à la fois large, découverte et solide.
Nous verrons qui aura été dans l'erreur. »

. Cependant un homme à qui je serais bien
excusable de trouver infiniment d'esprit et
de sens, si le public ne lui accordait plus que
cela, un homme qui avait déjà bataillé pour
moi, se chargea encore de cette partie sca-
breuse du procès que m'intentent quelques
libéraux, et prit ses argumens dans leurs
propres objections, pour me laver, à leurs
yeux même, de la tache d'inopportunité.
« Est-ce trop se presser, dit-il, que d'arriver
après douze ans de réflexion ? Est-ce mal
choisir son temps, que d'arriver juste au moment où, pour la première fois, l'Opposition
est en majorité, où elle pourrait, en consé-
quence, se rallier efficacement autour d'un
chef redoutable au ministère, et dont nos
institutions constitutionnelles n'ont rien à
craindre ? Expliquons-nous avec bonne foi :
pensez-vous que le prince en usant à propos
de son influence, aurait pu rendre de grands

services? Vous ne le niez pas. Ce qui est vrai
pour le passé, cesse-t-il de l'être pour le
présent; et ne peut-on le prier de faire ce
qu'il n'a pas fait encore? Je suppose qu'à l'é-
poque où nous n'étions pas assurés du triomphe électoral, il fût venu, simple citoyen,
remplir les nobles et populaires fonctions d'é-
lecteur... » A cette supposition, les uns sou-
rient, les autres prétendent que la question
demande un sérieux examen; un éligible, auquel il n'avait manqué qu'une voix, donna
des regrets à l'absence de Son Altesse; et
plusieurs élus tombèrent d'accord que sa présence, s'il y avait eu hésitation, aurait produit un heureux effet. Quelqu'un s'écria
comme par inspiration :« Si le prince siégeait
à la Chambre des pairs, la première place
dans l'Opposition lui serait dévolue sans
peine. Pourquoi n'a-t-il fait aucune démarche, présenté aucune requête pour solliciter
en sa faveur l'exercice de la prérogative
royale? Les ministres auraient-ils conseillé à
Sa Majesté de l'exclure, au moment où un si
grand nombre de concurrens viennent d'être
admis? »

Mon défenseur reprit alors: « Si cette dé-

marche n'a rien que de naturel ; si même ,
en cas de succès, elle avait procuré à la
cause constitutionnelle un secours dont vous
ne contestez ni l'utilité, ni l'à-propos ; que
trouvez-vous d'extraordinaire, que trouvez-
vous d'intempestif à la démarche d'un citoyen qui dit à un autre : Soyez un grand
citoyen; vous n'êtes qu'un prince, soyez,
dans cet instant de crise, un des premiers
Français? Cette apostrophe vous paraît brus-
que; ceci est une question littéraire, et la
brusquerie qui vous a déplu est précisément
ce qui plaît à d'autres. Revenons à la question politique. Elle est délicate, et c'est par
sa délicatesse même qu'elle embarrasse vos
plans et vos projets. Vous êtes-vous bien
rendu compte de cette objection ? Si vos
plans tiennent à la publication d'une brochure, vous aurez fort à faire pour les main-
tenir. Mais enfin que voulez-vous? Un retour à la Charte, la concession de quelques
bonnes lois, l'abolition de quelques lois
mauvaises, l'exécution des lois passables?
Eh bien ! si quelque chose était capable d'a-
mener à de telles mesures un ministère in-
décis, ce serait la question soulevée par le

correspondant, ce serait la crainte de l'intervention officieuse d'un prince. L'épître
était donc venue seconder vos projets et
non les déranger; et votre rôle était de rester spectateurs et non de devenir partie. —
Mais il y a dans notre majorité des personnes timides qu'un rien effarouche. — Si
pour un rien votre majorité déserte les principes, prenez garde qu'elle ne vous entraîne
dans des complaisances dont vous vous re-
pentiriez. Aujourd'hui vous achetez sa fidé-
lité qu'il faudra demain payer plus cher, et qui
chaque jour se montrera plus exigeante.
Mais j'aime à penser plus favorablement du
caractère et de la probité politiques de vos
collègues. Sans cela le salut de la patrie serait
bien hasardé entre de telles mains, et l'auteur de l'épître aurait eu doublement raison
de mendier les secours d'un prince pour un
pays abandonné par les défenseurs de son
choix. »

Emu, comme on peut le croire, de cette
généreuse apologie, je trouvais, dans cette
discussion animée dont mes censeurs avaient
donné le signal, un nouveau motif de con-
solation. « Oui, j'ai bien fait, m'écriai-je »,

d'invoquer le patriotisme d'une Altesse dans ce siècle d'idées républicaines et de mœurs aristocratiques. Je n'ai point méconnu l'état de l'opinion. Qu'aurait produit l'intervention réelle de celui dont le nom prononcé a mis tout en rumeur ! Le bruit m'apprend que j'ai frappé juste. »

Un mouvement eut lieu assez loin de moi, et j'entendis confusément ces mots : inconvenant, de mauvais goût, intempestif. Mon Dieu ! c'est encore un flot qui vient, cette fois, submerger l'épître et son auteur ! Je me trompais. Cette triple attaque se dirigeait contre une autre lettre dans laquelle l'auteur déclare que j'ai fort étourdiment écrit à un grand personnage. Le journal qui l'a publiée contient, en guise de *post-scriptum*, l'annonce de la saisie de ma brochure. « C'est une étourderie, »disait un ami du correspondant de la *Gazette*.—C'est une coïncidence fâcheuse, ajoutait un homme franc et généreux.—Le signataire est du conseil du prince, observa quelqu'un.—Je jurerais, répondit un général, que le prince est étranger à une pareille sortie, et qu'elle est un mauvais moyen de lui faire sa cour.—Je ne crois pas non plus qu'elle rentre dans les devoirs de la profession d'avocat,» dit un membre du barreau.

Un nouveau venu coupa court à cette conversation par ces paroles qui tournèrent tous les regards vers lui : « Je l'ai lu, je viens de le lire de mes propres yeux. Voilà de ces choses, s'écriait-il, voilà de ces choses qui nuisent le plus à mes bonnes intentions ! — Et qui rapporte cela? — Un journal. — Et de qui parle-t-il? » Je prêtai l'oreille, et j'appris que c'était l'excellent M. de Vil-lèle qui avait fait cette touchante exclama-tion, en tenant à la main l'Epître au duc d'Orléans. Dieu! que cette nouvelle re-tentit agréablement jusqu'à mon cœur ! qu'elle me rafraîchit le sang! J'ai nui aux bonnes intentions de M. Villèle. J'ai tel-lement chagriné cet honnête homme, que son collègue, mon ancien correspondant, de la même main qui a expédié la grâce d'un empoisonneur, expédie l'ordre d'ins-truire mon procès. Que m'importe main-tenant la question de convenance, de forme, de temps! La question est décidée par ces douces paroles d'un ministre : Il a nui

aux bonnes intentions du ministère , et
par cette injonction de Sa Grandeur : Qu'on
l'accuse ! Je quittai alors ma petite chambre
obscure, et songeai involontairement à ces
chambres qui ne sont ni plus grandes ni
beaucoup plus claires, et où MM. Peyronnet
et Delavau, que j'ai honorés de quelques
lettres, ne demanderaient pas mieux que
de me donner l'hospitalité.

Ils auraient un double motif; ils se don-
neraient les douceurs de la vengeance, et
feraient un acte de police préventive à l'é-
gard d'un écrivain qui s'occupe un peu de
leur histoire en s'occupant de l'histoire de la
Restauration. Les guichetiers leur serviraient
de censeurs ; et les documens contemporains
interceptés, sous le prétexte de la sûreté et
du bon ordre de la maison, resteraient oisifs
dans mes cartons, ou bien iraient, sous le
scellé administratif, rejoindre, par un conflit
de nouvelle espèce, les Mémoires de Le-
montey et ceux de Cambacérès. Dieu garde
de la prison l'annaliste véridique !

LETTRE QUATRIÈME.

Mes chers amis, j'ose appeler ainsi tous les libéraux et même ceux qui, je ne sais pourquoi (ils ne le savent peut-être pas bien eux-mêmes), se sont rangés du côté de mes adversaires, sans oublier, bien entendu, les défenseurs généreux qui sont restés sur la brèche; mes chers amis, que votre patience ne se lasse point encore! On est si long quand on parle de soi! Et de mon épître on a si longuement médit, que je suis bien court dans ma justification. La nouvelle de la *Gazette des Tribunaux* ne tarda point à prendre un caractère officiel, et son petit réquisitoire aussi; le lendemain j'étais en présence du juge d'instruction qui trouva que j'avais conseillé à un grand personnage des choses contraires à son devoir, que je l'avais provoqué, en termes de palais, à

s'immiscer dans les affaires de l'Etat. Question neuve et importante à laquelle il faut
joindre celle d'usurpation de fonctions civi-
les et militaires, celle qui concerne la prérogative du prince en relation avec la prérogative de la couronne. Je vous fais grâce de
la série des griefs touchant l'outrage, la ré-
volte, l'ordre de successibilité au trône, etc.,
et des articles du Code impérial combinés
avec les lois de la Restauration. On voyait
bien que M. de Peyronnet était ravi de
rattraper dans le correspondant de Son Altesse l'ancien correspondant de Sa Grandeur.
La Chambre du conseil fut de l'opinion de
M. le garde-des-sceaux et de M. le juge instructeur; peu de jours leur suffirent pour
l'examen de ces chefs capitaux, et la prévention se mûrit à point pour être cueillie comme
un fruit de primeur, et m'être envoyée
comme une friandise. Le premier jour de
l'an de grâce dix-huit cent vingt-huit, à sept
heures du matin, un huissier, accompagné
de quatre gardes-du-corps, me présente fort
poliment un petit mandat signé Jacques-Jean
Mathias, mandat d'arrêt, étrennes mignon-
nes que la force publique est requise de me

faire accepter, le pistolet sur la gorge. J'accepte sans remercier, et les paysans du voisinage, témoins du zèle de ce bon M. Mathias, s'imaginent qu'on vient de découvrir l'asile de Maingrat, ou qu'on a repris Contrafatto qui s'était soustrait à sa peine. Le bruit courut à la ville qu'on tenait, sous bonne escorte, l'auteur de ces libelles anonymes imprimés, pendant les élections, avec les caractères de l'imprimerie royale.

On me conduit à la Force. Et puisque je devais aller en prison, celle-ci me plaît, vu que je connais la Conciergerie et Sainte-Pélagie. Ce qui ne me plaisait pas, c'était de me trouver en compagnie un peu nombreuse et un peu bruyante pour un homme qui aime la solitude, et qui doit méditer sur l'imputation d'avoir voulu renverser le trône. Mes camarades d'infortune, honnêtes et robustes voituriers ou cochers pour la plupart, me jugeaient incapable de rien renverser, et montrèrent bien , en m'aidant de leur mieux, qu'ils n'étaient pas de l'avis de M. Mathias. En faisant avec eux un modeste repas sur une table sans linge, sans assiettes, sans couteau, sans fourchettes, que de réflexions me vinrent sur le luxe de ma médiocrité, et sur les superfluités de ma vie frugale! Le coucher donna une nouvelle et longue carrière à ces réflexions philosophiques. Il me fallut reconnaître qu'il y avait de l'aristocratie dans mes habitudes. Mais l'épreuve ne devait pas durer, et le lendemain j'étais traité comme un prince; le lendemain j'habitais un palais de dix pieds carrés, un entresol garni de deux chaises, d'un lit propre, d'une table solide, de deux planches et d'un poêle; le tout à mes frais; enfin j'étais seul.

Dès que le corps cesse de pâtir, l'esprit travaille. Tout en mangeant mon potage avec une cuiller, je pensais à M. Mathias et à son papier timbré, et à ses délits, je veux dire aux miens, et à cette accumulation d'énormes griefs, parmi lesquels figure la partie historique où je ne suis que le biographe de Son Altesse : de sorte que ses actions, dans mon écrit, sont mises en cause. La plaidoirie sera grave et curieuse : qu'en disent les auteurs d'annales contemporaines? Voilà une leçon pour moi, qui m'essaie à cette école. Ainsi, questions d'histoire, d'opposition légale, de priviléges, de prérogatives, de droits, de

devoirs; définition de ce que c'est, dans une
monarchie constitutionnelle, que le personnage complexe de prince citoyen; question
de la presse dans les rapports du simple par-
ticulier avec une Altesse; question de coutume anglaise à importer en France : tout
cela est-il sans utilité, sans intérêt? Je le
demande à ceux qui, dédaigneux de la rou-
tine, vont, disent-ils, à la découverte de
pays nouveaux dans la sphère de l'intelli-
gence. Voilà de quoi remuer bien des idées
politiques, littéraires, historiques, philosophiques.

Quelqu'un a dit que j'avais compromis ma
sûreté en pure perte. Le mot est dur; est-il
mérité? Hélas! qui de nous peut se flatter
d'être assez utile, par ses écrits ou par ses
actions, pour qu'on ne puisse lui dire qu'il
a travaillé en vain? Qui de nous, s'il consi-
dère sa petite personne au milieu de tant
de millions d'hommes, osera penser que le
monde s'apercevrait de son absence? Est-ce
une raison pour se décourager, pour ne rien
hasarder? Et faut-il pousser l'humilité jusqu'à l'abnégation de soi-même, plus voisine
qu'il ne semble de l'égoïsme? Chose singu-

lière ! Ce reproche m'arrive pour la première fois à l'occasion d'un écrit où je croyais sincèrement n'avoir donné prise à aucune action judiciaire ; j'étais convaincu que jamais je n'avais couru moins de péril, et cette conviction était partagée par ceux même qui blâmaient ma lettre. Dans d'autres circonstances, il m'est arrivé, je l'avoue, de céder à un sentiment qui me paraissait noble, et de compromettre ainsi ma sécurité, fort inutilement, fort à contre-temps sans doute. Au mois de juillet 1815, se plaindre publiquement du joug étranger en face de l'étranger, cela était intempestif ainsi que me l'apprirent, et les menaces du baron Muffling, et les actes de violence de la police française. Quelques années de silence m'auraient permis d'exhaler mon indignation le lendemain du départ de l'armée d'occupation. En Belgique, opposer aux brutalités de l'arbitraire européen, et les armes de la raison, et le fouet de la satire ; plaider pour les proscrits de la Sainte-Alliance : cela était peut-être inopportun ; je fus l'un des complices de cette faute de goût dont la punition nous fut infligée par des rhéteurs politiques qui élargirent, afin d'y placer nos noms, la catégorie des exilés. Quelques années plus tard, l'antique hospitalité des Belges reprit son ascendant sur le cœur de leur roi, et quelques-unes de nos doctrines devinrent celles du pouvoir.

A peine de retour en France, j'étais du nombre des écrivains qui abordaient la question prématurée des jésuites, question agitée pourtant dès 1814. C'était vers le temps où quelques libéraux trouvaient un peu irréligieuse la chanson des *révérends Pères*. Ma précipitation fut un nouveau tort ; elle aurait compromis mon talent si j'en avais eu. Les uns riaient de la résurrection des bizarres enfans de Loyola ; les autres la révoquaient en doute. A présent on ne doute plus ; on ne rit plus ; mais au lieu d'une introduction timide et furtive, il faut combattre une invasion générale et puissante. Quelques années ensuite, harcelant les mêmes adversaires, je me trouvai en bonne et nombreuse compagnie. On se rappelle le dernier et fameux procès de tendance. Alors l'opinion publique était forte, la magistrature éclairée : la cause obtint un succès judiciaire, et l'on me pardonna même ma lettre très-

peu catholique à M. Bellart, malgré sa teinte
d'inopportunité.

Entre les deux incidens qui précèdent et
que j'ai rapprochés à cause de leur analogie,
il en est un troisième que je dois placer dans
l'ordre chronologique de ma biographie intempestive. Le gouvernement occulte venait
de se trahir ; j'entre dans les rangs de ses
adversaires auxquels Madier–de–Montjau
avait donné le signal ; mais moins heureux
que la plupart, ou moins habile à saisir la
convenance, après avoir échappé une fois,
je succombe à une seconde attaque, et je
connais la justice de M. Delavau dont Paris
ne devait pas tarder à connaître la police,
je succombe la nuit, entre cinq gendarmes,
au milieu de l'audience déserte. Mais ma
prison fut moins solitaire, et bientôt j'y fus
rejoint par des compagnons qui me ré-
concilièrent avec les amis délicats de l'à-
propos.

. Et voici que je me brouille aujourd'hui
de nouveau avec eux ! Voici que j'agite encore des questions intempestives, et que
je compromets ma sécurité en pure perte,
comme je l'ai fait en attaquant le gouverne-

ment occulte, en m'indignant contre la pros-
cription, en jetant un cri de douleur à l'aspect de l'étranger ! Je ne sais quoi cependant
dant me dit, au fond du cœur, que je n'ai
pas tort ; que si une politique adroite et me-
surée, que si le langage d'une haute raison
sont d'excellens moyens, la générosité aven-
tureuse est un moyen aussi ; qu'il ne suffit
pas de parler à l'esprit, qu'il faut parler à
l'ame ; que si beaucoup de personnes par-
tageaient et exprimaient les sentimens que
j'éprouve, il se ferait une clameur publique
que l'iniquité administrative n'oserait pas
toujours mépriser. J'irai plus loin : en morale, en philosophie, dans les sciences même,
il faut des paradoxes ; leur examen conduit
à la vérité. Et il est d'ailleurs des vérités pa-
radoxales à leur premier avénement dans
le monde. Pourquoi, en politique, serait-il
défendu de jeter en avant de ces idées qu'on
appelle inopportunes et que j'appellerais im-
portunes, si ce n'était jouer sur les mots ;
de ces idées qui, comme le grain de l'Evan-
gile, sont perdues si elles tombent sur la
pierre et germent si elles tombent sur une
terre plus heureuse. J'ai lu dans les jour-

naux ce qu'on osait à peine penser quelques
années auparavant; j'ai entendu à la tribune
ce qu'un peu plus tôt on se disait avec précaution à l'oreille ; et ni la tribune, ni les
journaux peut-être n'auraient parlé si quelques voix hardies n'eussent rompu le silence
au risque de passer pour mal apprises. Sous
le règne de l'opinion publique, les derniers
rangs font avancer les premiers qui, à leur
tour, modèrent une marche trop prompte,
et chacun fait ainsi son devoir. Pense-t-on
que les colléges électoraux se seraient, tout
seuls, déterminés aux choix dont nous avons
à leur rendre grâce ? Leur zèle s'est soutenu
et réchauffé au milieu de l'ardeur qui les en-
veloppait, pour ainsi dire, de toutes parts.
Cette ardeur elle-même doit beaucoup au
zèle plus ardent d'un petit nombre. Nous
applaudissons aux habiles combinaisons de
l'état-major ; mais qu'il veuille bien pardon-
ner au dévouement du soldat.

Nous avançons, dites-vous ; nous faisons
chaque jour des progrès, nous achevons notre éducation constitutionnelle, nous agran-
dissons le cercle des lumières. Prenez garde
de prendre le point lumineux que vous oc-

,cupez pour toute la France. Pour un esprit
éclairé, je vois dix mille pauvres diables
courbés sous le joug de l'ignorance qu'ap-
pesantit encore le jésuitisme. Vous préten-
dez qu'il faut songer aux choses et non pas
aux hommes : ce n'était pas l'avis de Fox ;
selon lui, les hommes aidaient beaucoup
aux choses, et un homme peut être, à lui
seul, une grande circonstance. Les progrès
dont vous vous vantez pourraient bien n'être
que ceux du temps, et sa marche, prolongée
et contrariée tout à la fois, corrompt autant
qu'elle mûrit. On a comparé, je crois, le
mouvement de la civilisation progressive à
la marée montante : la mer gagne toujours
du terrain, mais chaque flot se retire, en
partie du moins, et revient sur lui-même ;
je crains que nous ne soyous souvent em-
portés par un de ces flots rétrogrades. Si
dans une certaine sphère on avance, dans
la sphère générale on a reculé ; oui, on a
reculé jusqu'aux jésuites ; et au milieu de
tous les besoins législatifs et intellectuels de
la France, nous en sommes à nous débattre
avec l'esprit-prêtre ; le procès recommence

entre les servitudes ultramontaines et les li-
bertés gallicanes.

Que la circonspection des uns , que la supériorité des autres souffrent donc qu'un
citoyen, animé comme eux de l'amour de la
patrie, aille chercher une circonstance , un
homme même, si cet homme et cette circonstance peuvent nous tirer d'un mauvais
pas et d'un sentier fâcheux, surtout lors-
qu'on est bien sûr que ce citoyen parlera
même à un prince sans donner mauvais exemple au peuple. Que les uns développent
avec une lenteur prudente leurs savantes
manœuvres ; que les autres , dédaignant le
positif , s'élancent dans la carrière du per-
fectionnement intellectuel ; mais qu'ils tolè-
rent , s'ils ne l'approuvent, un zèle différent
dans son essor et concourant au même but.
J'oserai même demander davantage : si ce
zèle , comme il arrive souvent à ce qui est
un peu vif, se heurte et se blesse au milieu
de ses efforts , qu'on lui tende une main
amie, qu'on défende dans l'homme les droits
de l'infortune , les vrais principes de la liberté , dans l'homme qu'on retrouverait au

besoin si l'habileté de la tactique, si les hautes spéculations devenaient impuissantes , et qu'il fallût, comme exemple, une victime au triomphe de la cause nationale.

En terminant cet entretien avec des amis, me permettrai-je d'adresser quelques mots à mes juges? — Pourquoi ne le ferais-je pas? S'ils refusent le titre de libéraux dans son acception politique, du moins entendront-ils volontiers un appel à la libéralité, à la générosité de leur caractère. J'oserai donc leur dire : Si avant d'avoir à prononcer comme magistrats, vous aviez conçu des préventions comme hommes, veuillez poser ces préventions dans la balance de la justice, et les écarter loin de vous, dès que vous aurez reconnu qu'elles n'ont aucun rapport avec la loi positive. Ai-je commis une faute de convenance? Je ne le crois pas; mais j'accorde que j'aie manqué à quelque règle de notre étiquette sociale : qu'a de commun un pareil tort avec le délit pour lequel on inflige une peine qui conduit le coupable dans l'asile

des malfaiteurs? Daignez faire cette distinc-
tion essentielle dont l'oubli affligerait, je le
pense, l'équité aussi bien que la morale publique. Eh quoi! les scandales du vice, du
crime même, trouvent le monde si indul-
gent, et voilà que sa sévérité et vos rigueurs
accableraient un honnête homme pour une
inconvenance littéraire ou politique!

Il fut un temps, et il n'est pas éloigné de
nous, où attaquer les ministres, c'était attaquer le Roi qui les avait choisis, où une
étrange confusion d'idées régnait dans l'ap-
plication du code de la presse, dans ce code
lui-même, et envoyait sur les bancs de la
police correctionnelle, et de-là en prison,
des personnes honorables, estimées du public et de vous-mêmes. Peu à peu on a senti
qu'assimiler de telles personnes à des crimi-
nels, c'était un grand abus, et nos mœurs, et
nos lois, et nos habitudes judiciaires, se sont
enfin réformées d'après ce sentiment qui a
passé en principe constitutionnel. Bientôt
même la critique des actes du gouvernement
est devenue un devoir.

Nous nous accoutumerons ainsi à bien
des choses qui nous étonnent encore. Bien

des innovations que l'on blâme aujourd'hui,
seront érigées en devoirs et en principes. La
tolérance pour les couleurs générales de
parti, s'étendra jusqu'aux nuances particu-
lières et jusqu'aux disparates personnelles. Il
nous faudra voir, sans être trop émus, des
opinions isolées, solitaires, des hommes qui,
soit travers d'esprit, soit inspiration de conscience, marchent seuls avec une idée qu'ils
croient juste, qui périra d'elle-même si elle
est stérile, qui germera en dépit des obsta-
cles, si elle est féconde. Je suis un de ces rhéteurs si l'on veut : que la tolérance com-
mence par moi ; si c'est travers d'esprit, excu-
sez ; si c'est conscience, abstenez-vous : car,
dans tous les cas, je n'ai point péché contre
la loi. Il y a eu clameur contre l'inopportunité de mon épître ; mais il y a clameur uni-
verselle en faveur de son innocence.

www.ingramcontent.com/pod-product-compliance
Lightning Source LLC
Chambersburg PA
CBHW061316060726
47596CB00003B/925